이 세상 모든 것은 영원하지 않네

그림 경전 말씀 3

이 세상 모든 것은 영원하지 않네

● 혜조 엮음 ― 신창호·해탈자 그림

운주사

머리말

비 온 뒤 맑게 개인 푸른 하늘 위로
한 무리의 새떼들이 날아가고,
놀이터에서는 어린 유치원 아이들이
갖가지의 높고 낮은 함성소리를 내며 뛰어놀고 있습니다.
새들의 날개짓과 아이들 소리짓의 어울림이랄까요?
이처럼 무언가 연관성이 전혀 없어 보이는 듯해도
일체 만물은 본인이 의식하든 의식하지 못하든,
전부 유기적으로 연결되어 있는
하나의 생명체임을 깨닫게 됩니다.
마치 우리 몸의 뇌와 심장과 손·발이 전혀 다르게 보이고
작용 또한 다르지만 다르지 않은 것처럼 ……
그동안 부처님 가르침을 공부하며
이 좋은 말씀을 어떻게 하면 보다 쉽게
여러 사람들에게 전할 수 있을까 하고 생각간 했습니다.
그러나 생각에도 무게와 중력이 있다고 하던데,
정말로 그 간절한 영혼의 파동이 좋은 이웃을 불러
이렇게 작은 하모니를 이루었습니다.

깨끗한 신심으로 그림을 그려주신 두 분과
출판사 관계자분들의 노고에 감사드리며,
특히 카톡이나 문자로 전해지는 부처님 말씀을 보며
좋아하고 응원해 주신 많은 분들께
진심으로 고마움을 전합니다.
그것은 좋아해 주시는 분들이 없었더라면
감히 책으로 엮어져 나오지 못했을 것이기 때문입니다.

쌀 한 톨에도 우주의 노고가 담겨 있듯이
변변치 못한 작은 책 한 권에도
무수한 선지식들의 은혜가 스며 있음을 마음에 되새기며,
현대사회의 질병과 전쟁 및 여러 자연재해 등으로
어둡고 어려운 시대에 밝은 등불이 되고
지혜와 용기를 주는 좋은 약이 되기를 바랍니다.

나무석가모니불
나무석가모니불
나무시아본사석가모니불 _()_

                              엮은이 합장 삼배

머리말 • 5

제1장 전생 일을 알고 싶은가? • 19

믿음은 도를 얻게 하네 〈법구경〉	21
다시 하늘이나 인간에 태어나는 길 〈원각경〉	22
자기와 남, 모두 이롭게 하려면 〈청정도론〉	23
보살은 적은 이익을 얻었어도 〈대방등대집경〉	24
모두 여래의 성품이 있다 〈대방등여래장경〉	25
상에 사로잡혀 보시한다면 〈금강경〉	26
믿음만 있고 지혜가 없으면 〈열반경〉	27
진실한 법의 성품과 모양 〈무량의경〉	28
큰 바다는 넘치는 일이 없어 〈대승장엄경론〉	29
애욕이 적은 것이 가장 편안해 〈천청문경〉	30
지혜로운 사람은 어느 때라도 분노하지 않네 〈잡보장경〉	31
진실한 말과 거짓말의 과보 〈경율이상〉	32
중생들이 여기저기 윤회하는 원인 〈능엄경〉	33
인간의 근심 걱정은 집착에서 비롯되니 〈숫타니파타〉	34
전생 일을 알고자 하느냐? 〈잡아함경〉	35
사람들의 마음은 번뇌와 망상으로 얼룩져 있어 〈화엄경〉	36
여래를 목욕시키는 공덕으로 〈욕상경〉	37

7

나만을 위해 보시하지 말고 〈증일아함경〉		38
나를 죽이려는 자가 있으면 〈오고장구경〉		39
도둑질을 하면서 마음을 닦는 것은 〈선가귀감〉		40
부처님을 뵈오면 죄악이 사라지고 〈살라국경〉		41
중생들의 사랑을 받으려면 〈정법염처경〉		42
부처님이란 모든 것의 진실한 뜻을 아는 까닭 〈대품반야경〉		43
만일 부끄러워하는 마음을 여의면 〈불유교경〉		44
세 가지 헛된 가르침 〈장아함경〉		45
아이들이 풀잎이나 손가락으로 불상을 그리면 〈법화경〉		46
보살은 무엇으로 근본을 삼는가? 〈유가사지론〉		47
험한 여행길에서 이기심만 있고 베풀 줄 모르면 〈쌍윳따 니까야〉		48
항아리 속의 불빛과 같네 〈십지경〉		49
애욕을 끊고 번뇌를 벗어나는 길 〈잡아함경〉		50
존재하는 세계는 모두 업의 변화이다 〈대비경〉		51
일심으로 아미타불을 염불한다면 〈아미타경〉		52

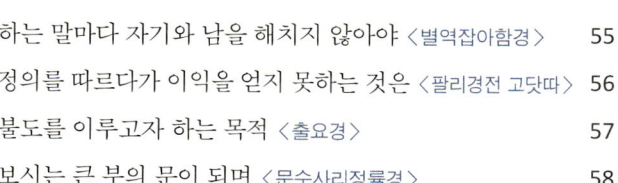

제2장 이 세상에서 가장 귀중한 일 • 53

하는 말마다 자기와 남을 해치지 않아야 〈별역잡아함경〉		55
정의를 따르다가 이익을 얻지 못하는 것은 〈팔리경전 고닷따〉		56
불도를 이루고자 하는 목적 〈출요경〉		57
보시는 큰 부의 문이 되며 〈문수사리정률경〉		58

병이 생기는 이유 〈유마경〉	59
자신을 보호하고 소중히 하고자 한다면 〈보리행경〉	60
하늘천신이나 용 귀신들도 존경해 〈아난분별경〉	61
여래가 연설한 모든 경전들은 〈법화경〉	62
붓다의 가르침이 향하는 곳 〈중아함경〉	63
이 세상에서 가장 귀중한 일 〈벽암록〉	64
예불의 다섯 가지 공덕 〈증일아함경〉	65
명상에서 지혜가 생긴다 〈법구경〉	66
법문 들을 때의 마음가짐 〈초발심자경문〉	67
믿음이란 물을 맑히는 구슬 〈유식론〉	68
아라한들이 머무는 곳은 어디나 즐겁다 〈담마빠다〉	69
언쟁의 올바른 해결 방안 〈사분율〉	70
온갖 형상이 화공을 따르듯이 〈제법집요경〉	71
지난 세월에 매달리는 것은 〈잡아함경〉	72
비록 많이 들었다 해도 〈능엄경〉	73
본디 물은 깨끗했네 〈대승장엄경론〉	74
여래가 이 세상에 온 뜻은 〈법구비유경〉	75
죽이거나 몽둥이질을 하지 마라 〈법집요송곧〉	76
밝고 신령스럽게 아는 마음 〈전등록〉	77
중생이 제불의 경지에 드는 길 〈범망경〉	78
그릇됨 없는 마음이 참다운 계율이고 〈육조간경〉	79
입의 허물 중 가장 큰 죄 〈법원주림〉	80
이 세계는 변하는가 혹 그렇지 않은가? 〈중부경전〉	81

악지식을 가까이하면 〈육방예경〉	82
부처님의 공덕은 다 설할 수 없네 〈화엄경〉	83
선지식은 뱃사공과 같다 〈열반경〉	84
이 마음이 부처를 만드나니 〈반주삼매경〉	85
첫 번째 극단과 두 번째 극단 〈가전연경〉	86

제3장 하늘에서 보석비가 쏟아져도 • 87

형색이나 음성으로 여래를 구하지 마라 〈금강경〉	89
사랑은 이별하는 고통의 원인 〈유마경〉	90
입에서 항상 미묘한 향내가 나게 하려면 〈수십선계경〉	91
하늘에서 보석비가 쏟아져도 〈중아함경〉	92
모든 존재하는 것은 〈현우경〉	93
믿음은 도의 근원이자 공덕의 어머니 〈화엄경〉	94
모든 부처님 가르침의 핵심 〈담마빠다〉	95
자비심으로 중생을 이롭게 하네 〈대방광삼계경〉	96
불나방이 불속에 들어가 스스로 타듯이 〈대승이취육바라밀다경〉	97
만물과 내가 동일한 근원이다 〈조론〉	98
부부가 현세와 내세에서도 서로 만나려면 〈앙굿따라 니까야〉	99
지옥에 들어가는 다섯 가지 오역죄 〈잡아함경〉	100
죄와 복덕이 생기는 이유 〈대지도론〉	101
물질이 공이요 공이 곧 물질 〈반야심경〉	102

효도할 시기를 놓치지 마라 〈증일아함경〉　　　103
관세음보살을 생각하고 공경한다면 〈법화경〉　　　104
중생을 거두어들이는 두 가지 보시 〈대품반야경〉　　　105
생성과 소멸의 두 세계를 넘어서면 〈열반경〉　　　106
마음은 머물지 않으며 빛깔도 없네 〈미증유경〉　　　107
불의에 눈 감는 벗은 가까이하지 말라 〈숫타니파타〉　　　108
선정만이 번뇌를 끊고 〈대방광십륜경〉　　　109
귀천은 정해진 것이 아니라 행위에 따른 것이다 〈유행경〉　　　110
부처님을 자주 생각하라 〈관찰제법행경〉　　　111
본래 고요하면 〈해심밀경〉　　　112
온갖 보시 가운데 경전 보시가 제일이네 〈법구경〉　　　113
인연으로 생기지 않는 존재는 없어 〈중론〉　　　114
욕심이 없는 사람은 〈아함경〉　　　115
남을 내 몸과 같이 여기라 〈앙굴마라경〉　　　116
청정한 신심으로 불상을 조성하면 〈조상공덕경〉　　　117
부처님이 살아 계시거든 〈원각경〉　　　118
술은 온갖 환난의 근본 〈제법집요경〉　　　119
원수를 없애려거든 마음속 번뇌부터 없애라 〈잡보장경〉　　　120

제4장 무엇이 굴레이고 족쇄인가? • 121

마음이 생기면 갖가지 법이 생기네 〈능가경〉	123
마음으로 밖을 관찰하고 안을 관찰하면 〈불설아함정행경〉	124
부처님의 경전을 전하는 공덕 〈불본행경〉	125
괴로움의 뿌리란? 〈범망경〉	126
쇠를 단련해 찌꺼기를 제거하고 그릇을 만들면 〈사십이장경〉	127
은혜를 입으면 항상 다시 갚을 것을 생각해야 〈우바새계경〉	128
언제나 부처님 명호를 외우며 생각해라 〈점찰선악업보경〉	129
이 몸은 그림자와 같이 업을 따라 나타나네 〈유마경〉	130
저녁에 먹지 않으면 다섯 가지 복이 있다 〈불설처처경〉	131
남을 죽이면 자기를 죽이는 자를 만나고 〈잡아함경〉	132
염불삼매의 힘 〈대지도론〉	133
깨달음의 근본은 이웃과 자비심 〈화엄경〉	134
여러 착한 일 중에 일심이 주가 되나니 〈나선비구경〉	135
남을 원망하는 마음으로는 원망을 풀 수 없네 〈담마빠다〉	136
훌륭한 의사는 병을 치료할 적에 〈선요〉	137
무엇을 굴레라 하며 족쇄라고 하는가? 〈아함경〉	138
여래가 세상에 나타나는 까닭 〈무량수경〉	139
진리에는 남녀의 차별이 없다 〈별역잡아함경〉	140
의심이 많은 사람은 그 무엇도 이룰 수 없어 〈성실론〉	141
창고 안의 무기를 닦아두지 않으면 〈대승장엄경론〉	142
온갖 업장의 고해바다는 망상에서 생겼네 〈관보현보살행법경〉	143

번뇌가 없어지고 열반을 얻으려면 〈법집요송경〉 144
부지런히 정진하여 해탈을 추구해야 하는 이유 〈살발다경〉 145
과분한 이익을 바라지 마라 〈증일아함경〉 146
고요히 마음을 집중하고 〈불모출생경〉 147
반야는 인식의 사량 분별 대상이 아니네 〈도행반야경〉 148
마음이 게을러서 공부를 쉬게 되면 〈불유고경〉 149
재물은 그 몸을 따라가 주지 않는다 〈전생경〉 150
모든 것이 자라나는 뿌리가 무엇인가? 〈다상론〉 151
중생들이 불법을 듣게 된다면 〈법화경〉 152
망상이 일어나면 곧 알아차려라 〈수심결〉 153
세 가지를 없애면 불도를 성취하네 〈법구경〉 154

제5장 자기 자신보다 더 사랑스러운 것은 없네 • 155

금강석을 녹여야만 순금이 되는 것이니 〈원각경〉 157
중생이 받는 온갖 고락은 〈열반경〉 158
사람으로 태어났을 때 착한 일을 많이 하라 〈법구경〉 159
해탈의 원인을 구하는 까닭 〈불소행찬〉 160
자기 자신보다 더 사랑스러운 것은 없네 〈잡아함경〉 161
어떤 중생이 불탑에 예배하면 〈업보차별경〉 162
세계가 끝이 없지만 〈유심안락도〉 163
세존의 바른 법에는 독이 침범하지 못해 〈수용존자경〉 164

원래는 깨끗하지만 인연에 따라 죄와 복을 부른다 〈법구비유경〉 165
공부를 해도 진리를 깨닫지 못하는 것은 〈이입사행론〉 166
죽은 뒤에 지옥에 태어나지 않는 사람 〈아함경〉 167
마음의 평정과 지혜를 함께 닦아야 〈소부경전〉 168
다만 찬불가 한 소절이라도 부른다면 〈법화경〉 169
걸림없이 확 트여서 명백하리라 〈신심명〉 170
마음은 본래 진실하고 생멸하지 않네 〈미증유경〉 171
믿지 않으면 생기는 것이 없다 〈불설무희망경〉 172
보리의 미묘하며 바르고 밝은 본체 〈능엄경〉 173
말할 때 말하고 침묵할 때 침묵하라 〈증일아함경〉 174
사물에 구속되느냐 자유롭느냐? 〈오성론〉 175
일체 모든 중생들이 일시에 성불하여도 〈부증불감경〉 176
경전 독송하는데도 남의 깔봄을 당한다면 〈금강경〉 177
무엇인가를 소유하다 도리어 괴로움을 당해 〈우다나경〉 178
몸이 강하여도 병이 들면 꺾이고 〈수행본기경〉 179
벗을 가려야 하는 이유 〈사리불아비담론〉 180
부모가 늙어 기력이 약해지면 〈부모은중경〉 181
뉘우치고자 하면 고치지 못할 일이 없네 〈본사경〉 182
인연에 의지하여 머무는 것은 〈방광대장엄경〉 183
어떻게 부처님 국토를 깨끗이 합니까? 〈대품반야경〉 184
참선수행도 있고 염불공덕이 같이 있다면 - 영명 연수선사 185
모든 법은 진실로 무아이다 〈대방등대집경〉 186
삿된 방법을 생각하지 말라 〈출요경〉 187

비록 깨끗한 믿음을 갖고 있더라도 〈대비바사론〉　　188

제6장 고요함을 밖에서 찾지 말라 • 189

마음은 항상 맑고 고요하게 가져라 〈보살장정법경〉　　191
성냄은 청정한 마음을 오염시키네 〈좌선삼매경〉　　192
모든 존재는 자기 업의 상속자 〈중부 니까야〉　　193
만족할 줄 모르고 거만하여 부끄러움 없으면 〈제법집요경〉　　194
지혜로운 사람은 마음을 지키나니 〈담마빠다〉　　195
보살은 중생을 자신의 몸처럼 불쌍히 여기네 〈도세품경〉　　196
만일 누구라도 바른 이익 얻으려면 〈법집요송경〉　　197
물속에 비친 달 그림자 〈대승본생심지관경〉　　198
아첨하는 것은 진리에 어긋난다 〈불유교경〉　　199
윤회를 없애는 길 〈사백론〉　　200
욕심이 많으면 고통이 되네 〈불설팔대인각경〉　　201
내가 출가한 목적 〈중아함경〉　　202
개미를 구해준 복덕의 힘 〈생사득도경〉　　203
한 분의 부처님께 예배할 때면 〈삼매해경〉　　204
모든 존재의 근본은 무엇인가? 〈금강삼매경론〉　　205
미인이 되는 요건 〈옥야경〉　　206
삼매를 얻는 길 〈반주삼매경〉　　207
한 마음이 선하거나 악하면 〈화엄경〉　　208

석가모니 부처님의 수명은 영원하다 〈잡아함경〉	209
그릇된 마음의 작용을 없애면 〈석마하연론〉	210
고요함을 밖에서 찾지 말라 〈숫타니파타〉	211
삶은 마음이 만들어 내는 것이니 〈법구경〉	212
시방의 모든 여래는 〈관무량수경〉	213
마음이 고요해 물과 같이 맑고 깨끗하다면 〈묘법성념처경〉	214
복을 받는 방법 〈불설복음경〉	215
몸과 마음이 편안해 안팎이 청정하다면 〈관심론〉	216
알면서 지은 죄와 모르고 지은 죄의 차이 〈밀린다왕문경〉	217
마음속에서 부처님을 여의지 말라 〈인연승호경〉	218
유리하다고 교만하지 말고 〈잡보장경〉	219
나의 마음에 본래 부처가 있으니 〈육조단경〉	220
공덕을 드러내지 않고 남의 칭찬을 받더라도 〈대승이취육바라밀다경〉	221
탐욕스러운 사람은 〈니건자경〉	222

제7장 용서는 자기 자신에게 베푸는 가장 큰 사랑 • 223

모든 생명에게 자비를 보여야 한다 〈자타카〉	225
훔치지 않고 탐내거나 성내지 않고 〈육도가타경〉	226
부처님의 도道를 능히 얻기 위해선 〈화수경〉	227
누구나 본래 깨달으려는 의지를 가지고 있네 〈대승기신론〉	228
오만함은 수많은 고통의 근본 〈월등삼매경〉	229

만약 모든 감각기관을 능히 다스리면 〈허공장보살경〉	230
사람은 항상 눈 때문에 속고 〈잡아함경〉	231
도가 없으면 악도에 떨어져 〈아난분별경〉	232
아이들이 장난으로라도 모래 쌓아서 〈법화경〉	233
배움에는 두 가지가 있나니 〈법구경〉	234
죽음을 뛰어넘을 수 있는 길 〈숫타니파타〉	235
염불을 수행하는 사람은 〈청정도론〉	236
사람에게 믿을 수 없는 네 가지 일 〈법구비유경〉	237
부처님을 염한다면 부처님은 항상 있네 〈사유략요법〉	238
시방 모든 부처님들의 큰 부모 〈불설불인삼매경〉	239
보시를 해도 큰 공덕이 안되는 것은? 〈우바새계경〉	240
자비로운 구름으로 법의 비를 내리시네 〈구경일승보성론〉	241
세 종류의 좋은 벗 〈불소행찬〉	242
어떤 중생이 인연의 뜻을 깨달으면 〈조탑·공덕경〉	243
삿된 음행의 열 가지 죄 〈대지도론〉	244
진실한 말이 으뜸이네 〈정법염처경〉	245
오온五蘊에 대한 바른 이해 〈대보적경〉	246
병든 사람을 돌보아주는 것은 〈증일아함경〉	247
아주 빨리 깨달음을 성취하려면 〈소실지갈라경〉	248
삿된 애착과 성냄 등을 끊으면 〈십주경〉	249
덕은 사람을 오랫동안 대함으로써 알 수 있고 〈우다나경〉	250
세상 사람은 죽고 사는 것을 알지 못하네 〈죄복보응경〉	251
최고의 깨달음을 얻고자 하는 사람은 〈대방광불관경〉	252

바람의 모습은 볼 수 없지만 〈현계론〉	253
용서는 자기 자신에게 베푸는 가장 큰 사랑 - 달라이 라마	254
내가 중생을 성취시키지 않으면 〈화엄경〉	255
사람은 의식을 부리지 못하나 〈안반수의경〉	256
자비를 베풀 때는 평등한 마음으로 〈수행도지경〉	257
애욕으로부터 근심이 생기고 〈사십이장경〉	258
이 세상 모든 것은 영원한 것이 없다 〈열반경〉	259
선업이 있으면 〈대승장엄경론〉	260
참음도 성냄도 없다고 관찰하라 〈대방등대집경〉	261
인욕은 좋은 약 〈나운인욕경〉	262

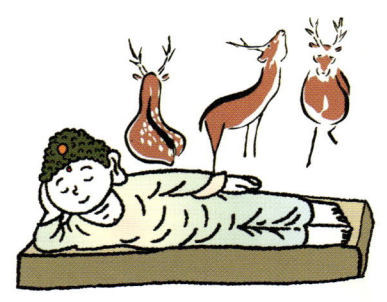

제1장

전생 일을 알고 싶은가?

믿음은 곧 도를 얻게 하고
법은 열반을 이루게 하며
많이 들은 이 따르면 지혜를 얻나니,
이르는 곳마다 밝음 있으리라.

〈법구경〉

도를 사랑하여
악을 버리고 선을 즐겨 하면
다시 하늘이나 인간에 태어난다.

〈원각경〉

상대방이 화난 것을 알고 알아차림하면서
마음을 고요히 한다면
자기와 남, 모두가 이롭게 된다.

〈청정도론〉

보살은 적은 이익을 얻었어도
크게 은혜롭다는 생각을 내고,
받은 은혜는 적을지라도
크게 갚을 생각을 내느니라.

〈대방등대집경〉

내가 부처의 눈으로 봄에
중생의 무리도 이와 같아
번뇌의 진흙탕 속에도
모두 여래의 성품이 있다.

〈대방등여래장경〉

보살이 마음으로 상相에 사로잡혀 보시한다면
마치 어두운 데 들어간 이가
아무것도 보지 못하는 것과 같다.
하지만 상相에 사로잡히지 않고 보시를 한다면
눈 뜬 사람이 햇살이 밝게 비추매
갖가지 형색들을 보는 것과 같다.

〈금강경〉

믿음만 있고 지혜가 없으면
어리석음만 자라나고,
지혜만 있고 믿음이 없으면
사견(邪見; 삿된 견해)만 자타난다.

〈열반경〉

진실한 법의 성품과 모양은
본래 공적하여,
오지도 않고 가지도 않으며
나오거나 들어가지도 않는다.

〈무량의경〉

큰 바다는
널리 온갖 물을 받아들이지만
차는 일도 없고 넘치는 일도 없다.

〈대승장엄경론〉

애욕이 적은 것이 가장 편안한 것이요
만족한 줄 아는 것이 큰 부귀이며,
계율을 지니는 것이
항상 단정하고 아름다운 것이요
계율을 깨는 것이
항상 못나고 천박한 것이니라.

〈천청문경〉

지혜로운 사람은
어느 때라도 분노하지 않는다.
참기 어려움을 참는 것이 진실한 참음이요
누구나 참을 수 있는 것은 일상의 참음이다.

〈잡보장경〉

진실한 말은 첫째가는 계율이요
진실한 말은 하늘로 오르는 사다리이며
진실한 말은 소인을 대인으로 만드나니
거짓말을 하게 되면 지옥으로 들어가느니라.

〈경율이상〉

일체중생이 끝없는 옛날부터
나고 죽는 생사를 계속하는 것은
모두 상주하는 참 마음의 본성이
깨끗하고 밝은 바탕인 줄을 알지 못하고,
온갖 망상을 제 마음인 줄 알고 쓰기 때문이다.
이 망상은 허망하여 진짜가 아니기 때문에
중생들이 여기저기 윤회하는 것이다.

〈능엄경〉

자녀가 있는 사람은 자녀 때문에 기뻐하고
소를 가진 사람은 소 때문에 기뻐한다.
그러나 자녀를 가진 사람은
자녀 때문에 근심하고
소를 가진 사람은 소 때문에 근심한다.
인간의 근심 걱정은 집착에서 비롯되니,
집착이 없는 사람은 근심도 걱정도 없다.

〈숫타니파타〉

전생 일을 알고자 하느냐?
금생에 받는 것이 그것이다.
내생 일을 알고자 하느냐?
금생에 짓는 것이 그것이다.

〈잡아함경〉

세상 사람들의 마음은
온갖 번뇌와 망상으로 얼룩져 있어
마치 큰 파도와 같다.
물결이 출렁일 때마다
사람들의 몸과 마음도 출렁거려
어떤 사물도 제대로 보이지 않는다.
그러나 마음속에 이는 물결이 잠잠해지면
모든 사물이 제 모습을 나타낸다.
이는 연못이 바람 한 점 없이 고요하면
물밑까지 훤히 보이는 것과 같다.

〈화엄경〉

내가 지금 모든 여래를 목욕시키니,
청정한 지혜로 공덕무더기 장엄하여
오탁의 중생으로 하여금 더러움 여의고
여래의 청정한 법신 증득하기를 원하옵니다.

〈욕상경〉

나만을 위해 보시하지 말고
중생에게 회향하는 마음으로 보시하라.
재물을 가지고 보시하되,
이와 같은 마음으로 보시하면
큰 공덕을 얻게 된다.

〈증일아함경〉

나를 죽이려는 자가 있으면
내 마음이 기쁠 리 없다.
누구나 마찬가지일 것인데,
어떻게 남을 죽이랴?
이것을 깨달았거든
불살생계를 받아 살생하기를 원치 말라.

〈오고장구경〉

도둑질을 하면서 마음을 닦는 것은
마치 새는 그릇에 물을 가득 채우려는 것과 같고,
거짓말을 하면서 마음을 닦는 것은
마치 똥으로 향을 만들려는 것과 같다.

〈선가귀감〉

부처님을 뵈오면 죄악이 사라지고
부처님께 공양하면 그 복이 한량없다.

〈살라국경〉

누구나 인내를 닦아 행하면
그는 중생들의 사랑을 받고
뒤에 가서는 안온을 얻으리니,
인내는 제일의 계율이 된다.

〈정법염처경〉

부처님이란
모든 것의 진실한 뜻을
아는 까닭에 부처님이라 이름하고,
제법의 실상을
얻은 까닭에 부처님이라 이름하며,
또한 진실한 이치를
통달한 까닭에 부처님이라 이름하고,
진실하게 일체 모든 것을
아는 까닭에 부처님이라 이름한다.

〈대품반야경〉

만일 부끄러워하는 마음을 여의면
모든 공덕을 잃어버리게 될 것이다.
부끄러워하는 마음이 있는 사람은
곧 착한 법을 가질 수 있겠지만,
부끄러워하는 마음이 없는 사람은
금수나 하등 다를 바가 없다.

〈불유교경〉

세상에는 세 가지 헛된 가르침이 있다.
사람의 운명은 숙명으로 정해졌다거나
신의 뜻이라거나
모든 것에는 아무런 원인도 없다는 것,
이 세 가지이다.

〈장아함경〉

아이들이 장난으로 풀잎이나 나뭇가지
또는 붓이나 손가락 혹은 손톱을 사용하여
불상을 그리게 되면,
이와 같은 모든 사람들도
점점 공덕을 쌓아서
대비심을 구족히 갖추어
이미 불도를 성취한 것이나 다름없다.

〈법화경〉

보살은 무엇으로 근본을 삼는가 묻거든
대비심을 근본으로 삼는다 할지니,
모름지기 수행자라면
중생을 위해 몸을 버려야 하거늘
하물며 어찌 생명 있는 중생들을 해치겠는가!

〈유가사지론〉

험한 여행길에서 자신보다 남을 위하고
조금이라도 베풀 줄 아는 사람이
진정한 성자이다.
이기심만 있고 남에게 베풀 줄 모르는 사람은
죽은 사람이나 다름없다.

〈쌍윳따 니까야〉

중생의 몸 가운데
금강석처럼 굳은 불성이 있어
해와 같이 밝고 원만하며 광대무변하지만,
단지 오음*의 검은 구름에 덮여
마치 항아리 속의 불빛이
밖으로 비추지 못하는 것과 같다. 〈십지경〉

---

* 오음五陰: 색 수 상 행 식의 오온五蘊을 말함. 즉 생멸하는 중생들의 몸에 해당하는 물질(色)과 정신에 해당하는 느낌(受) 생각(想) 의지(行) 의식(識)의 5구성요소.

육신을 '나'라고 할 수 없다.
그렇다고 '나'가 아니라고도 말할 수 없다.
이렇게 살필 수 있으면
자기 소견의 굴레에서 벗어날 수 있고,
거만한 마음을 뛰어넘을 수 있다.
이것이 수행자가 애욕을 끊고
번뇌를 벗어나는 길이다.

〈잡아함경〉

존재하는 세계는 업이 지은 것이고
업(행위)이 변화해낸 것이다.
모든 중생 또한 업이 짓고
업이 변화해낸 것으로
업의 힘에 의해서 생긴 것이다.

〈대비경〉

선남자 선여인이 아미타불에 대한 얘기 듣고
그 이름을 잊지 않고 염불하되,
하루 이틀 사흘 나흘 닷새 엿새 이레 동안
일심으로 흐트러지지 않고 염불하면
그가 목숨이 다할 때 아미타불께서
거룩한 성자들과 함께 그 앞에 나타나시리라.
그리고 그가 목숨이 다하면 마음에 혼란 없이
곧바로 아미타불의 극락세계에 왕생한다.

〈아미타경〉

제2장

이 세상에서 가장 귀중한 일

하는 말마다 자기를 괴롭히지 않고
남 또한 해치지 않는 것을 착한 말이라 하니,
착하게 말하는 것이 말 중의 제일이요
이는 곧 지혜로운 성현의 말이다.

〈별역잡아함경〉

정의를 따르다가
이익을 얻지 못하는 것은
정의롭지 못하면서
이익을 얻는 것보다 낫다.

〈팔리경전 고닷따〉

내가 영원한 과거로부터 지금까지
남을 이롭게 하는 무수한 보살행을 닦으면서
불도를 이루려고 한 것은
바로 죄에서 고통받는 사람들을 위해서였다.

〈출요경〉

보시는 큰 부의 문이 되며
그 공덕은 이루 헤아릴 수 없다.

〈문수사리정률경〉

병이 생긴 것은 다 '나'라는 존재에
집착함으로부터 발생한 것이다.
그러니 '나'라는 존재에
집착을 내지 말아야 한다.

〈유마경〉

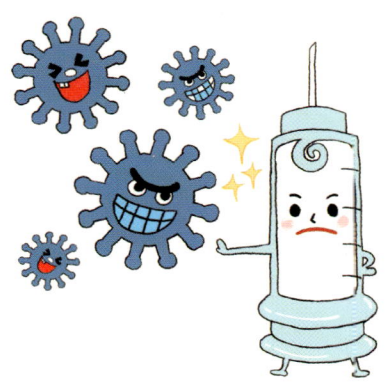

만약 자신을 보호하고 소중히 하고자 한다면
말로 짓는 악한 구업*을 짓지 않아야 한다.
만약 구업을 버리지 않으면
후에 원수에 의해서 고통을 겪을 것이다.

〈보리행경〉

* 구업口業: 입으로 짓는 나쁜 업(거짓말, 꾸밈말, 이간질, 악담)

계율을 잘 지키고 도덕이 있는 이는
모든 하늘을 감동시키며,
하늘천신이나 용 귀신들도
그를 존경하지 않는 이가 없다.

〈아난분별경〉

여래가 연설한 경전들은
모두 중생들을
제도하고 해탈시키기 위한 것이다.

〈법화경〉

모든 강물은 바다로 향한다.
붓다의 모든 가르침도 한 곳으로 향한다.
즉 고통과 고통의 소멸로 향한다.

〈중아함경〉

이 세상에서 가장 귀중한 일은
지금 만나는 사람에게
기쁨과 웃음과 평화의 자비를 베푸는 일이다.

〈벽암록〉

예불에는 다섯 가지 공덕이 있다.
첫째는 단정함이니,
부처님 상호를 봄으로써 존상尊像을 닮기 때문이다.
둘째는 좋은 소리를 얻는 것이니,
부처님의 등정각을 노래하고 찬탄하기 때문이다.
셋째는 재물이 많고 넉넉해지는 것이니,
향과 꽃을 갖추어서 공양 올리기 때문이다.
넷째는 태어나는 곳이 고귀하니,
무릎을 땅에 대고 장궤長跪 자세로
예를 드리기 때문이다.
다섯째는 천상에 태어나는 것이니,
예불의 공덕이 이와 같다.

〈증일아함경〉

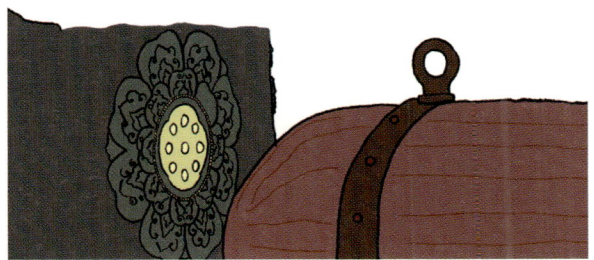

명상에서 지혜가 생긴다.
생과 사의 두 길을 알고
지혜가 늘도록 자기 자신을 일깨우라.

〈법구경〉

법문을 들을 때는 어렵다는 생각으로
물러설 마음을 내지 말며,
많이 들었다는 생각으로
쉽다는 마음을 내지 말고,
마땅히 생각을 비우고 들으면
반드시 깨달을 때가 있을 것이다.

〈초발심자경문〉

믿음이란 물을 맑히는 구슬과 같다.
능히 흐린 물을 맑게 하기 때문이다.

〈유식론〉

마을이거나, 숲이거나
계곡이거나, 평지거나
아라한(깨달은 도인)들이 머무는 곳은
어디나 즐겁다.

〈담마빠다〉

언쟁은 두 가지로 없애야 한다.
첫째, 당사자 앞에서 보이는 것이요
둘째, 많은 사람들 의견을 들어보는 것이다.

〈사분율〉

온갖 형상을 그릴 때에
좋고 추한 것이 화공을 따르듯이,
착하고 착하지 못한 업의 인연은
모두가 마음으로 말미암아 이루어진다.

〈제법집요경〉

지난 세월에 매달리는 것은
덧없는 것이고,
자신의 생각에 매달리는 것도
덧없는 것이다.
덧없는 것을 끊어야
마음에 안락을 찾으리라.

〈잡아함경〉

비록 많이 들었다 해도
만약 수행하지 않으면 듣지 않은 것과 같다.
마치 사람이 아무리 음식을 말하더라도
배가 부르지 않는 것과 같다.

〈능엄경〉

깨끗한 물도
더러운 물이 섞이면 곧장 탁해진다.
그런 뒤에 다시 깨끗해지는 것은
그 더러움이 없어졌기 때문이다.
그 깨끗함은 밖으로부터 오는 것이 아니라,
본디 물이 깨끗했던 것임을 알 수 있다.

〈대승장엄경론〉

여래가 이 세상에 온 것은 이처럼 보살펴주는 이 없이 가난하고 재난을 당한 사람들을 구해주기 위해서이다. 병들고 약한 사람이나 수행자, 그리고 가난하고 외로운 노인에게 공양하면 그 복은 한량이 없어 무엇이나 뜻대로 되리라. 마치 다섯 강물이 흘러 바다로 들어가듯이, 복이 오는 것도 그와 같아서 공덕이 점점 원만해지고 마침내는 깨달음을 얻게 될 것이다.

〈법구비유경〉

모두가 다 죽음을 두려워하고
칼과 몽둥이를 무서워하지 않는 이 없으니,
자기를 용서하는 마음으로 비추어 보아
죽이거나 몽둥이질을 하지 마라.

〈법집요송경〉

신령스럽고 밝아 어둡지 않으며
항상 분명히 알되,
어디서 온 것도 아니요
어디로 가는 것도 아니다.
다만 공적空寂으로써 자체를 삼되
그것을 육신이라 인정하지 말며,
신령스럽게 아는 자리로 자기 마음을 삼되
망령된 생각을 그것이라고 인정하지 말라.

〈전등록〉

중생이 부처의 계를 받으면
바로 제불의 경지에 들어간다.

〈범망경〉

그릇됨 없는 마음이 참다운 계율이고
우치가 없는 마음이 여여한 지혜이며,
산란을 여읜 마음이 고요한 선정이고
더하고 덜함이 없는 그 자리가 법신일세.

〈육조단경〉

입의 허물 중에서
스스로 자랑하며 잘난 체하는 말과
화합을 깨는 이간질하는 말이
가장 크고 무섭다.

〈법원주림〉

이 세계는 변하는가 혹 그렇지 않은가?
이 세계는 유한한가 혹 그렇지 않은가?
영혼과 육체는 동일한가 혹 따로인가?
인간은 죽은 뒤에도 존재하는가 혹 아닌가?
여기에 대해 뚜렷한 판단을 내리려고 애쓰지
마라. 왜냐하면 이런 형이상학적인 물음은
마음의 평화를 얻고 깨달음에 이르는 데
어떤 도움도 되지 못하기 때문이다.
또 삶의 고뇌로부터 벗어나는 데도
아무런 도움이 되지 않기 때문이다.

〈중부경전〉

악지식을 가까이하면
여섯 가지 좋지 않은 버릇이 생긴다.
수단을 써서 속이고
어두운 곳을 좋아하며
남의 집사람을 꾀어내고,
남의 물건을 탐하는 버릇이 생기며
재물의 이익만을 따르고
남의 허물을 드러낸다.

〈육방예경〉

우주의 먼지 같이 많은 생각들을 헤아려 알고
대해의 바닷물을 다 마시며
허공을 다 헤아리고
바람을 휘어잡는 능력이 있더라도
부처님의 공덕은 다 설할 수 없네.

〈화엄경〉

선지식은 뱃사공과 같다.
생사의 고통스런 바다에서
우리를 저 언덕으로 건네주기 때문이다.

〈열반경〉

이 마음이 부처를 만드나니
이 마음이 바로 부처이다.

〈반주삼매경〉

일체는 있다고 한다
이것이 첫 번째 극단이다.
일체는 없다고 한다
이것이 두 번째 극단이다.
가전연아,
여래는 이 양 극단을 떠나서
중도에 의해 법을 설하느니라.

〈가전연경〉

제3장

하늘에서 보석비가 쏟아져도

만약 형색으로써 나를 보려거나
음성으로써 나를 구한다면,
이 사람은 삿된 도를 닦는 것이니
능히 여래를 볼 수 없도다.

〈금강경〉

사랑은 이별하는 고통의 원인이다.
사랑으로 말미암아 근심이 생기고
사랑 때문에 두려움과 공포가 생긴다.
사랑하는 인연으로 근심이 있고
근심하는 고통으로 중생들이 늙어간다.

〈유마경〉

만약 당신이 꾸미는 말을 하지 않는다면
입에서 항상 미묘한 향내가 나는 것이
마치 우담바라의 꽃향기와 같다.

〈수십선계경〉

하늘에서 보석비가 쏟아져도
욕심 많은 사람은 만족할 줄 모른다.
욕심은 괴로움만 줄 뿐 즐거움을 모르나니
슬기로운 이는 먼저 욕심을 버리느니라.

〈중아함경〉

모든 존재하는 것은
다 무無로 돌아가고 맙니다.
그리고 한 번 태어나면 반드시 한 번 죽습니다.
악을 지은 자 지옥이 기다리고
선을 행한 자는 천상에 태어납니다.

〈현우경〉

믿음은 도의 근원이자 공덕의 어머니이니,
일체의 좋은 일들을 길러낸다.
의혹의 그물을 끊어버리고
애착의 물결에서 벗어나게 하며,
열반(진정한 행복)이라는
최상의 길을 열어보인다.

〈화엄경〉

나쁜 짓은 일절 하지 말고
좋은 일은 열심히 하되
스스로 마음을 청정히 할지니,
이것이 바로 모든 부처님 가르침이다.

〈담마빠다〉

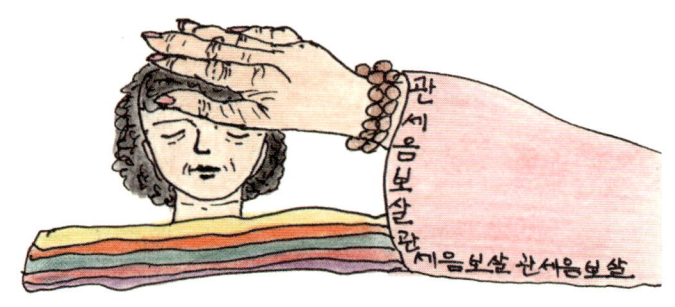

큰 지혜 있는 보살은
자비심으로 중생을 이롭게 한다.

〈대방광삼계경〉

바람도 없이 등불이 활활 잘 타고 있는데
나방이 갑자기 불빛으로 날아 들어가
불 속에서 스스로를 태우듯이,
탐욕과 애욕이 중생의 몸을 망침도 그러하다.

〈대승이취육바라밀다경〉

만물과 내가 동일한 근원이다.

〈조론〉

부부가 현세와 내세에서도
서로 보기를 원한다면
동일한 믿음과 동일한 계율
그리고 동일한 보시와
동일한 지혜를 지녀야 한다.
그러면 그 두 사람은 현세에서도 함께 지내고
다음 생에서도 서로 만날 수 있다.

〈앙굿따라 니까야〉

무엇을 지옥에 떨어지는
다섯 가지 오역죄라 하는가?
첫째, 아버지를 죽이는 것
둘째, 어머니를 죽이는 것
셋째, 아라한(도인)을 죽이는 것
넷째, 대중의 화합을 깨뜨리는 것
다섯째, 나쁜 마음으로 부처님 몸에 상처를
내는 것이다.

〈잡아함경〉

복덕은 큰 자비로부터
중생을 가엾이 여기기 때문에 생기며,
죄는 중생을
괴롭히고 해치기 때문에 얻는 것이다.

〈대지도론〉

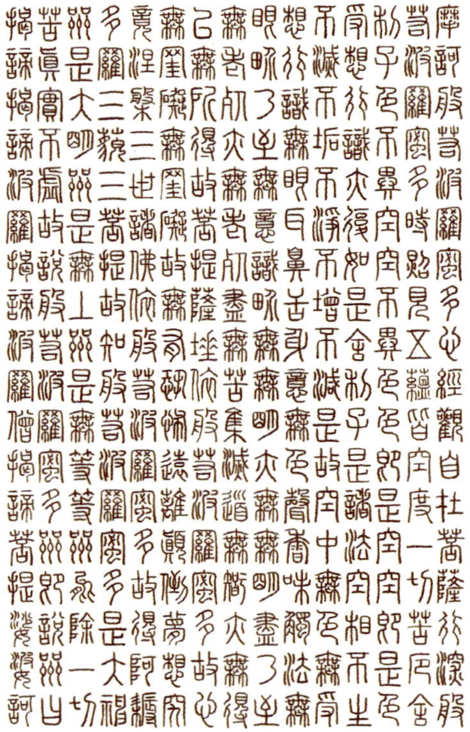

물질이 공과 다르지 않고

공이 물질과 다르지 않아서,

물질이 곧 공이요

공이 곧 물질이다. 〈반야심경〉

부모의 은혜는 참으로 막중하다.
우리들을 안아 길러주셨고,
수시로 보살펴 시기를 놓치지 않았기 때문에
우리가 저 해와 달을 보게 된 것이다.
이런 사실로 보아 부모의 은혜를 갚기란
참으로 어렵다는 것을 알 것이다.
그런 까닭에 마땅히 부모에게 공양해야 할 것이며, 항상 효도하고 순종하여 그 시기를 놓치지 말아야 한다.

〈증일아함경〉

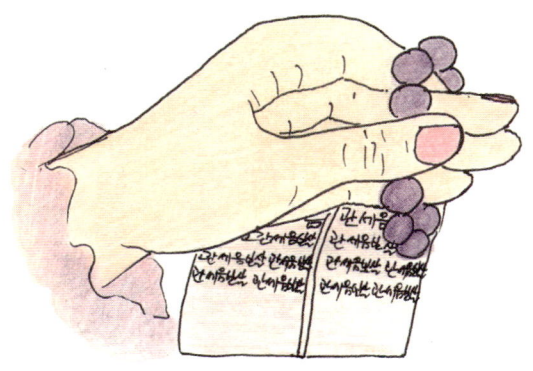

어떤 중생이 음욕이 많을지라도
항상 관세음보살을 생각하고 공경한다면
곧 음욕을 여의게 된다.
혹 성내는 마음이 많을지라도
항상 관세음보살을 생각하고 공경한다면
성내는 마음이 사라지며,
어리석은 마음이 많을지라도
항상 관세음보살을 생각하고 공경한다면
어리석은 마음이 사라진다.

〈법화경〉

보살은
두 가지 보시로 중생을 거두어들이니,
바로 재물보시와 법보시이다.

〈대품반야경〉

세상의 모든 현상은 인연에 의해 만들어진다.
그러므로 단 한 순간도
똑같은 상태로 머물러 있지 않는다.
생겨난 것은 다시 사라지고,
없어진 것도 이윽고 다시 생겨난다.
하지만 이 생성과 소멸의 두 세계를 넘어서면
거기 영원한 법열의 세계인 열반(진정한 행복)
이 있다.

〈열반경〉

마음은 머물지 않으니
안과 밖 그리고 중간에도 없다.
마음은 빛깔이 없으니
파랗거나 노랗거나 붉거나 희지 않으며,
마음은 지어진 것이 아니니
짓는 이가 없기 때문이다.

〈미증유경〉

의롭지 못한 것을 보고도 못본 척하는 벗은
아예 가까이하지 말라.
감각적인 쾌락에만 젖어사는 벗과도
가까이하지 말고,
오직 지성적이며 진리에 귀를 기울이는
고상한 벗을 가까이하라.

〈숫타니파타〉

선정만이 번뇌를 끊고
많이 들은 지혜로는 번뇌를 끊지 못하네.
만약 고통의 바다에서 해탈하고 싶으면
마땅히 부지런히 선정을 닦아야 한다.

〈대방광십륜경〉

귀천은 정해져 있는 것이 아니다.
귀천은 오로지
그 사람의 행위에 의해서 결정된다.
천한 사람은 천박한 행동을 하고,
귀한 사람은 고귀한 행동을 하기 때문이다.

〈유행경〉

부처님을 자주 생각하고
항상 법을 생각하여 방일하지 말며
승가를 존중하고
지혜로운 사람을 항상 공경하여야 한다.

〈관찰제법행경〉

본래 고요하면
곧 자성이 열반(진정한 행복)이다.

〈해심밀경〉

온갖 보시 가운데 경전 보시가 제일이고,
온갖 맛 가운데 도의 맛이 으뜸이다.
온갖 즐거움 중에 법의 즐거움이 제일이니,
애욕이 다하면 온갖 괴로움도 사라진다.

〈법구경〉

인연으로부터 생겨나지 않는 존재는
단 하나도 없다.
그러므로 일체 존재는 공 아닌 것이 없다.

〈중론〉

욕심이 없는 사람은 결코 마음의 고통이 없다. 진정으로 속박에서 벗어난 사람은 몹시 자유롭다. 헛된 삶을 이끄는 온갖 집착을 버리고 세상을 바라볼 때, 미래에 대한 두려움은 사라진다. 마치 무거운 짐을 내려놓고 나면 더 이상 무겁지 않은 것처럼, 집착을 버린 사람은 목숨을 다함에도 만족한다.

진리에 도달하여 세상에 대한 아무런 아쉬움이 없는 사람은 세상의 고된 삶에도 결코 슬퍼하지 않는다.

〈아함경〉

모두가 무기와 고통을 두려워하며
자기 목숨 아끼지 않는 이는 하나도 없나니,
내 몸에 대한 생각을 견주어서
직접 죽이거나 남을 시켜 죽이지 말고
남을 내 몸과 같이 여기라.

〈앙굴마라경〉

어떤 이가 청정한 신심으로
불상을 조성하면
일체 업장이 모두 소멸되고
그로 인해 얻는 공덕이 무량무변하여,
반드시 아뇩다라삼먁삼보리*를 성취하며
길이 일체중생의 온갖 괴로움과
번뇌를 뽑아 없애준다.   〈조상공덕경〉

---

* 아뇩다라삼먁삼보리: 위없이 높고 바르며 평등한
  최상의 깨달음

만약 부처님이 살아 계시거든
바르게 생각할 것이요,
부처님이 돌아가신 뒤면 형상을 모셔 놓고
마음을 기울이고 눈으로 상상하되,
여래가 살아 계시던 때처럼 해야 한다.

〈원각경〉

술은 온갖 환난의 근본이요,
재앙의 근원이다.
술은 독 중의 독이요,
병 중에서도 고질병이다.
술은 날카로운 도끼 같아서
착한 마음을 손상시키고 괴로움을 부른다.
술을 좋아하는 자는
부끄러움도 몰라 남의 경멸을 받게 된다.
그러므로 술을 마실 때는
언제나 절제하는 마음을 가져야 한다.

〈제법집요경〉

원수를 없애려거든
먼저 네 마음속 번뇌부터 없애라.
번뇌의 원수야말로
끝없이 몸을 해치기 때문이다.
이 세상의 원수는
아무리 악독할지라도 한 몸만을 해치지만,
번뇌의 원수는 청정한 법신까지 해친다.

〈잡보장경〉

제4장

무엇이 굴레이고 족쇄인가?

마음이 생기면
갖가지 법이 생기고,
마음이 소멸하면
갖가지 법이 소멸한다.

〈능가경〉

마음으로 밖을 관찰하고
또 안을 관찰하면,
사유를 통해 저절로 기쁨이 생겨
다른 사람들과는
그 마음이 다르게 될 것이다.

〈불설아함정행경〉

부처님의 경전을 전하는 것은
세상을 크게 이익되게 하는 것이다.
경전을 전해 받는 사람은 큰 경사를 얻고
일체중생은 윤택함을 얻는다.

〈불본행경〉

탐욕은 모든 속박의 시작이자
괴로움의 뿌리이다.
탐욕이 없는 사람에게는
괴로움의 뿌리가 없다.
그래서 진실로 속박에서 벗어난 사람은
감옥에서 풀려난 죄수처럼 또는
불타는 집에서 무사히 빠져나온 사람처럼
모든 공포를 초월한다.

〈범망경〉

어떤 사람이 쇠를 단련할 때
쇠에 섞인 찌꺼기를 제거하고 그릇을 만들면
정밀하고 좋은 그릇이 나오듯이,
도를 배우는 사람도
마음에 있는 번뇌를 제거하면
행위가 청정해진다.

〈사십이장경〉

보살은 행하는 바에 대한
은혜의 보답을 구하지 않고,
은혜를 입으면 항상
다시 갚을 것을 생각해야 한다.

〈우바새계경〉

의심과 두려움 및 갖가지 장애가 있는 자는
응당 일체의 시간과 모든 처소에서
언제나 부지런히
부처님 명호를 외우며 생각해야 한다.

〈점찰선악업보경〉

이 몸은 그림자와 같이
항상 업을 따라 나타난다.
이 몸은 산울림과 같아서 인연을 따라다닌다.
이 몸은 뜬구름과 같아서 금세 없어진다.
이 몸은 마치 번갯불처럼
한시도 머물러 있지 않는다.

〈유마경〉

저녁에 먹지 않으면 다섯 가지 복이 있다.
첫째, 음욕이 적어지고
둘째, 적게 누우며
셋째, 일심을 얻기 쉽고
넷째, 방귀가 줄어들며
다섯째, 몸이 편안해져 병에 걸리지 않는 것이다.

〈불설처처경〉

남을 죽이면
자기를 죽이는 자를 만나고,
남을 이기면
자기를 이기는 자를 만난다.

〈잡아함경〉

염불삼매는
갖가지 번뇌와 전생의 죄를 제거해 준다.
어떤 삼매는 음욕만 제거하고 성냄은 제거하지 못하는 수도 있고, 어떤 삼매는 성냄은 제거하되 음욕은 제거하지 못하며, 어떤 삼매는 어리석음은 제거하되 음욕과 성냄은 제거하지 못하고, 어떤 삼매는 삼독三毒(음욕 성냄 어리석음)은 제거하나 전생의 죄는 제거하지 못한다. 그러나 이 염불삼매는 능히 갖가지 번뇌와 갖가지 죄를 제거한다.

〈대지도론〉

이웃으로 인해 큰 자비심을 일으키고
자비심으로 인해 보리심을 내며
보리심으로 인해 깨달음을 이루나니,
깨달음은
이웃과 자비심으로 그 근본을 삼는다.

〈화엄경〉

여러 가지 착한 일 가운데
일심一心이 주가 된다.
도를 배우는 사람들은
다 일심으로 돌아가야 한다.
사람의 몸은 죽었다 태어나며
과거로부터 흐르는 물처럼 전후하여
서로 따라간다.

〈나선비구경〉

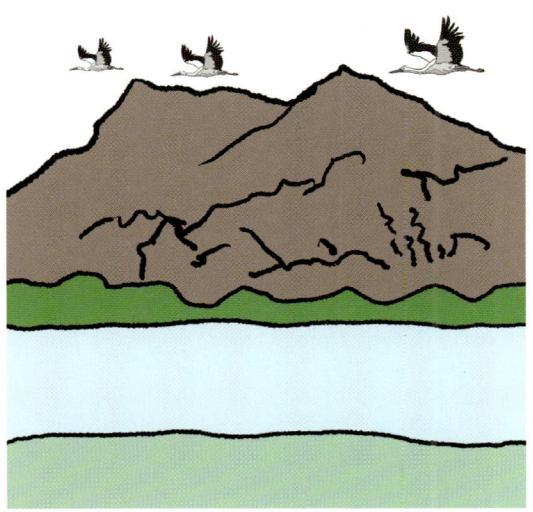

남을 원망하는 마음으로는
그 누구에게도 원망을 풀 수 없다.
오직 원망을 떠남으로써만 원망을 풀 수 있다.
이것은 영원히 변치 않는 진리이다.

〈담마빠다〉

훌륭한 의사는 병을 치료할 적에
먼저 그 근원을 연구하니,
그 근원만 알아내면
치료하지 못할 병이 없다.

〈선요〉

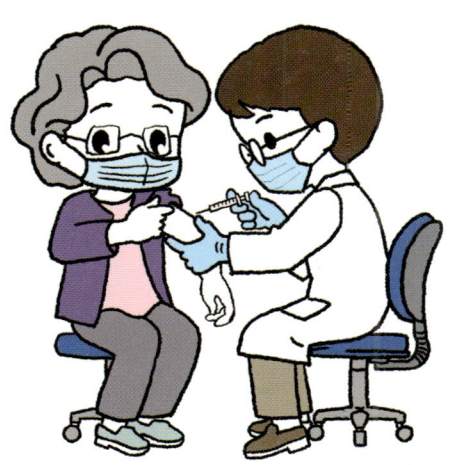

이 세상에서 무엇을 굴레라고 하며
무엇을 족쇄라고 하는가?
몸이 있음은 나를 얽어매는 굴레요,
욕구와 욕망은 정신을 얽어매는 굴레이다.
생각과 감정 그리고 자기중심적 사고도
자신을 얽어매는 굴레요 족쇄이다.

〈아함경〉

여래가 세상에 나타나는 까닭은
진정한 가르침을 널리 밝혀서
중생을 건지고
진실한 이익을 베풀고자 함이니라.

〈무량수경〉

여자라는 생각을 마음에 두지 말고
오직 수행에만 뜻을 두어,
위없이 높은 가르침을 살필지니라.
진리에 남녀의 차별이 있다면
여자는 얻을 수 없다고 말할 수 있겠지만,
진리에는 남녀의 차별이 없으니
어찌 어렵다고 말하겠는가!

〈별역잡아함경〉

의심이 많은 사람은
온갖 세간 일이나 출세간의 일이나
그 무엇이든 이루질 못한다.
가르침을 의심하면 배울 수 없으며
스승을 의심하면 공경해 따르지 못하고
스스로를 의심하면 배울 기회가 없게 된다.

〈성실론〉

창고 안의 갑옷과 무기를 닦아두지 않으면
적군과 싸울 때 무기가 낡아 부서지는 것처럼,
평소에 마음을 닦아두지 않으면
목숨이 끝날 때에도 또한 그러하다.

〈대승장엄경론〉

온갖 업장의 고해바다는
전부 망상에서 생겼나니,
만약 참회하고자 하거든
단정히 앉아 실상을 생각하라.
지혜의 태양 앞에선 아무리 많은 죄업이라도
서리와 이슬처럼 눈녹듯이 사라지리라.

〈관보현보살행법경〉

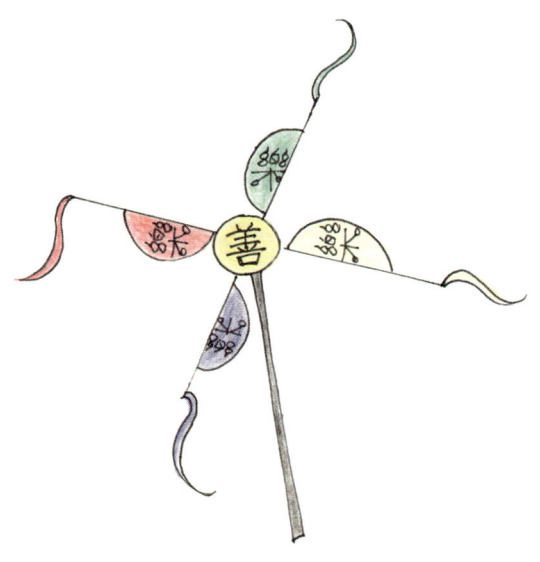

악惡을 행하면 지옥에 들어가고
선善을 닦으면 하늘에 태어나는 법이니,
만약 누구든 선을 닦으면
번뇌가 없어지고 열반을 얻으리라.

〈법집요송경〉

이 세상의 존재는 반드시 사라지는 것이다.
단단하지도 않고 모양도 없다.
이는 절대적인 것도 아니며
즐길 만한 것도 아니다.
따라서 그대들은 부지런히 정진하여
해탈을 추구해야 한다.

〈살발다경〉

남으로부터 과분한 이익을 받게 되면
본래 깨끗했던 마음을 허물게 된다.
그러니 스스로 자기 마음을 잘 다스려서
이익되는 일에 빠지지 마라.

〈증일아함경〉

고요히 마음을 집중하고
모든 것을 잘 이해하며
통찰하는 지혜를 가져야 한다.

〈불모출생경〉

반야는
인식의 사량 분별로
알 수 있는 대상이 아니며
상대적으로 볼 수도 없다.

〈도행반야경〉

수행하는 사람의 마음이 게을러서
공부를 쉬게 되면,
그것은 마치 나무를 비비어 불을 내고자 할 때에
나무가 뜨겁기도 전에 그만 쉬는 것과 같아서,
아무리 불을 얻고자 해도
결코 얻지 못할 것이다.

〈불유교경〉

어리석은 사람은 재물 모으기에 열중한다.
그리하여 때로는 정상적인 방법으로,
때로는 비정상적인 방법으로
재물을 모아두지만,
하루 아침에 목숨이 다하고 나면
재물은 그 몸을 따라가 주지 않는다.

〈전생경〉

마음은 모든 것이 자라나는 뿌리이다.
일체 제법이 오직 마음에서 생겨난 것이다.
따라서 만일 마음을 이해할 수 있다면
곧 모든 만법을 갖추는 것이 된다.

〈파상론〉

중생들이 불법을 듣게 된다면
도道를 얻거나 천상에 태어나서
모든 악도는 줄어들 것이고
인욕하는 착한 이들은 늘어날 것이다.

〈법화경〉

망상이 일어남을 두려워하지 말고
'알아차림'이 더딜까를 두려워하라.
망상이 일어나면 곧 알아차려라.
알아채면 없느니라.

〈수심결〉

탐내는 마음은 늙음을 초래하고
성내는 마음은 온갖 질병을 부르며
어리석음은 죽음을 가져온다.
그러므로 이 세 가지를 없애면 불도를 성취한다.

〈법구경〉

제5장

자기 자신보다 더 사랑스러운 것은 없네

금광석을 녹이기 전에
금은 이미 그 가운데 있었다.
그러나 본래 순수한 금을 품고 있었다 해도,
금광석을 녹여야만 순금이 되는 것이다.
그래서 순금으로 온전하게 만들어지게 되면,
금은 다시 금광석이 되지 않는다.

〈원각경〉

중생이 받는 온갖 고락苦樂(괴로움과 즐거움)은
현세에 지은 업業(행위) 때문만은 아니다.
그 원인은 먼 과거 전생에서 이어져 온 것임을
알아야 한다.
그러므로 악업의 씨앗을 심지 않는다면,
미래에 받을 결과도 없게 될 것이다.

〈열반경〉

쌓아올린 꽃무더기에서
많은 꽃다발을 만들 수 있듯이,
사람으로 태어났을 때
착한 일을 많이 해야 한다.

〈법구경〉

긴 세월에 걸쳐 은혜와 사랑을 쌓아도
이별을 피할 수는 없다.
반드시 헤어지고 말 것이므로
해탈의 원인을 구하노라.

〈불소행찬〉

자기 자신보다 더 사랑스러운 것이 없고
곡식보다 더 귀한 재물이 없으며
지혜보다 더 밝은 것이 없고
생각보다 더 빨리 변하는 것이 없다.

〈잡아함경〉

어떤 중생이 불탑에 예배하면
열 가지 공덕을 얻는다.
첫째, 잘 생긴 얼굴과 좋은 음성을 얻고
둘째, 그가 말을 하면 사람들이 모두 믿고 따르며
셋째, 대중 가운데에서도 두려움이 없고
넷째, 하늘천신과 인간들이 보호하며
다섯째, 온갖 위세를 두루 갖추고
여섯째, 세력 있는 중생들이 모두 와서 따르며
일곱째, 항상 모든 부처님과 보살을 가까이하고
여덟째, 큰 복을 받게 되며
아홉째, 목숨을 마치면 천상에 나고
열째, 열반(진정한 행복)을 빨리 증득한다.

〈업보차별경〉

세계가 끝이 없지만
허공 밖을 벗어나지 못하는 것처럼,
온갖 경계가 끝이 없으나
모두 일심一心 속에 들어있는 것이다.

〈유심안락도〉

탐냄과 성냄과 어리석음은
이 세간에서 큰 독이지만
세존의 바른 법엔 독이 침범하지 못하며,
법의 진실한 힘은 능히 독을 깨뜨리네.

〈수용존자경〉

사람은 원래 깨끗하지만,
모두 인연에 따라 죄와 복을 부른다.
어진 이를 가까이하면
곧 도덕과 의리가 높아지고,
어리석은 이를 친구를 하면
곧 재앙과 죄가 이른다.
마치 향을 가까이한 종이에서 향기가 나고,
생선을 매단 새끼줄에서 비린내가 나는 것과 같다.
사람은 다 조금씩 물들어 그것을 익히지만
스스로 그렇게 되는 줄을 모를 뿐이다.

〈법구비유경〉

공부를 해도 진리를 깨닫지 못하는 것은
자신에 대한 집착 때문에 깨닫지 못하는 것이다.
자신에게 집착하지 않는다면
당장에 진리를 알 수 있다.
자신에게 집착한다는 것은
나와 내 것이 있다는 관념을 말한다.
성인이 고난을 당해도 근심하지 않고
즐거움을 만나도 탐닉하지 않는 것은
자신에게 집착하지 않기 때문이다.

〈이입사행론〉

삼보에 대한
굳은 믿음을 지닌 사람은
죽은 뒤에
지옥에 태어나는 일이 없다.

〈아함경〉

지혜가 없는 사람에게는
항상 마음의 평정이 없다.
마음의 평정을 닦지 않은 사람에게는
밝은 지혜가 없다. (……)
그러므로 현명한 사람은
마음의 평정과 지혜를 함께 닦는다.
항상 지혜를 닦을지라도
보시하지 않는 사람은
총명하고 사리에 밝지만 가난하여 재산이 없다.
반대로 보시를 많이 할지라도
밝은 지혜가 없는 사람은
비록 재산을 얻을지라도 어리석고 식견이 없다.
따라서 보시와 지혜를 함께 닦으면
재물과 지혜가 모두 갖추어진다. 〈소부경전〉

환희한 마음으로써
노래로 부처님 공덕을 찬송하되,
다만 한 소절이라도 부른다면
이들도 전부 이미 불도를 성취한 셈이 된다.

〈법화경〉

부처님 도道 깨닫는 건 어렵지 않아,
오직 하나 간택만을 꺼릴 뿐이다.
미워하고 사랑하는 마음 없으면
걸림 없이 확 트여서 명백하리라.

〈신심명〉

마음은 환술이나 허깨비가 아니니
본래부터 진실하기 때문이다.
마음은 끝이 없으니 한량이 없기 때문이다.
마음은 취하거나 버림이 없으니
선과 악이 없기 때문이다.
마음에는 움직이거나 변하는 일이 없으니
생멸하지 않기 때문이다.
마음은 허공과 같으니 걸림이 없기 때문이다.

〈미증유경〉

믿지 않으면

생기는 것이 없다.

〈불설무희망경〉

보는 것과 보이는 대상과 생각되는 모양은
허공의 꽃과 같아서 본래부터 있지 않았다.
이것들은 사실 보리菩提*의 미묘하며
바르고 밝은 본체인 것이다. 〈능엄경〉

* 보리菩提: 위없이 가장 높은 최상의 깨달음〔覺〕

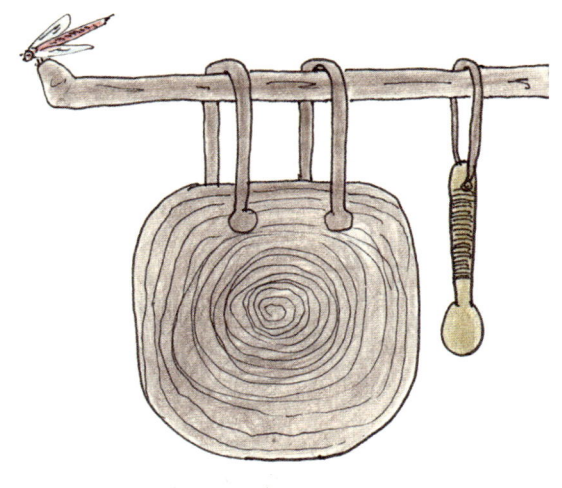

말할 때 말하고
침묵할 때 침묵할 줄 알아야
마음의 평온을 얻고
때를 놓치지 않을 것이다.

〈증일아함경〉

사물의 겉모습만을 보는 사람은
그 사물에 구속되지만,
사물의 무상함을 깨달아 집착하지 않으면
언제나 자유롭다.

〈오성론〉

일체 모든 중생들이 일시에 성불하여도
부처님 세계는 늘어나지 않고
중생계도 멸하지 않는다.

〈부증불감경〉

선남자 선여인이 이 경을 받아지니며
독송하는데도 남의 깔봄을 당한다면,
그 사람은 전생의 죄업으로 악도에 떨어질 것
을 금생의 천시를 받음으로써 전생 죄업이 곧
소멸될 뿐 아니라 반드시 아뇩다라삼먁삼보
리를 얻을 것이니라.

〈금강경〉

사람이 무엇인가를 소유하다 도리어
괴로움을 당하는 일을 흔히 보게 된다.

〈우다나경〉

몸이 강하여도 병이 들면 꺾이고
기운이 왕성해도 늙음이 오면 쇠하며,
죽어지면 살아서 이별하거늘
어찌하여 세간을 즐기겠느냐!

〈수행본기경〉

살생하는 자와 가까이하면 살생을 배우고,
도둑질하는 자와 가까이하면 도둑질을 배우고,
사음邪淫하는 자와 가까이하면 사음을 배우고,
거짓말하는 자와 가까이하면 거짓말을 배우고,
술 마시는 자와 가까이하면 술을 배우게 된다.
그러므로 그 벗을 가려야 한다.

〈사리불아비담론〉

부모가 늙어 기력이 약해지면
의지할 사람은 자식과 며느리밖에 없다.
아침저녁으로 부드러운 말로 위로하고,
따뜻하고 부드러운 음식과 잠자리
그리고 즐겁게 말상대를 해드림으로써
노년의 쓸쓸함을 덜어드리도록 하라.

〈부모은중경〉

마음속으로 깊이
잘못을 뉘우치고자 한다면
고치지 못할 일은 없을 것이다.

〈본사경〉

인연에 의지하여 머무는 것은
견고하거나 실답지 못하니,
바람 부는 가운데 촛불과 같고
물 위의 한 무더기 거품과 같도다.

〈방광대장엄경〉

수보리가 여쭈었다.
"어떻게 부처님 국토를 깨끗이 합니까?"
부처님께서 대답하셨다.
"보살이 처음 마음을 내면서부터 줄곧
스스로 몸의 거친 업을 없애고,
말의 거친 업을 없애며,
뜻의 거친 업을 없애야 하느니라.
뿐만 아니라 다른 사람의 몸과 말과
뜻의 거친 업을 없애어 맑혀야 하느니라."

〈대품반야경〉

참선수행도 있고 염불공덕이 같이 있다면
마치 이마에 뿔 달린 호랑이 같아서,
현세에는 여러 사람들의 스승이 되고
장래에는 부처나 조사가 될 것이다.

– 영명 연수선사

모든 법은 인연이 종합하기 때문에 나고
인연이 흩어지기 때문에 사라진다.
만약에 인연 때문에 난다면
인연 없을 때엔 사라지는 것이므로,
모든 법은 진실로 무아無我임을 알아야 한다.

〈대방등대집경〉

삿된 방법을 생각하지 말라.
바른 생각으로 행하지 않으면
비록 재산을 얻더라도
밤낮 근심하고 걱정하게 된다.

〈출요경〉

비록 깨끗한 믿음을 갖고 있더라도
지혜가 없으면 어리석어서
반드시 구렁텅이에 떨어지게 된다.
그러므로 사람은 무엇보다도
지혜를 갖추어야 한다.

〈대비바사론〉

제6장

고요함을 밖에서 찾지 말라

마음은 항상 맑고 고요하게 가져라.
입은 항상 경계하여 아첨하거나 속이지 말라.
그리고 시끄럽거나 나쁜 곳을 멀리하라.
조용한 곳에 살면서 몸가짐을 항상 조심하라.
만일 비난하는 말을 듣더라도 참아야 한다.

〈보살장정법경〉

성냄은 큰 어둠이니
눈이 있어도 보지 못하고,
성냄은 티끌과 먼지가 되나니
청정한 마음을 오염시킨다.

〈좌선삼매경〉

모든 존재는
자기 업(행위)의 상속자이다.

〈중부 니까야〉

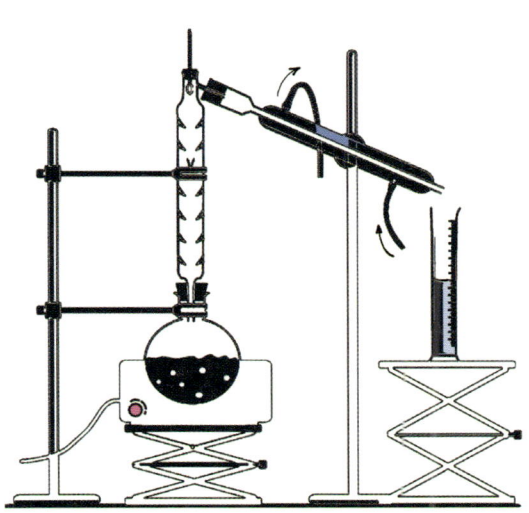

욕심으로 탐내어 만족할 줄 모르고
사치스러운 옷으로 몸을 마음대로 장식하고
거만한 마음을 내어 부끄러움이 없으면
모든 악惡이 이를 따라 일어난다.

〈제법집요경〉

(마음은) 매우 보기 어렵고 아주 미묘하고,
좋아하는 곳에는 어디에든 내려앉는다.
지혜로운 사람은 마음을 지켜야 한다.
지켜진 마음은 행복을 가져온다.

〈담마-빠다〉

보살은 크게 가엾이 여기는 마음을 일으켜
중생을 보호해 주고,
중생이 고뇌에 있는 것을 보면
자신의 몸처럼 불쌍하게 여긴다.

〈도세품경〉

만일 누구라도 바른 이익 얻으려면
밤이나 낮이나 좋은 마음으로
부처님을 공경하고 생각하라
가르침을 믿고 법을 생각하라
스님들을 공경하고 생각하라.

〈법집요송경〉

물속에 본래 달그림자가 있는 것이 아니나,
물로 인해 달을 보게 된다.
온갖 존재 현상도 인연으로 생긴 허구지만,
어리석은 사람은 실체인 듯 착각한다.

〈대승본생심지관경〉

아첨하는 것은 곧 진리에 어긋난다
그러므로 사람은 마음을 항상 바르게 가져야 한다.
아첨은 자신도 속이고 남도 속이는 것이니,
진리의 문에 들어온 사람에게
아첨이란 몹시 부끄러운 짓이다.
그대는 마땅히 몸과 마음을 단정히 하여
오직 정직으로 근본을 삼을지어다.

〈불유교경〉

공성에 대해 생각하는 것만으로도
윤회를 없앤다.

〈사백론〉

욕심이 많으면 고통이 되는 줄 깨달아라.
생사에 시달림은 탐욕에서 비롯된다.

〈불설팔대인각경〉

내가 출가한 것은 병듦이 없고
늙음이 없고 죽음이 없으며
근심 걱정의 번뇌가 없고 더러움이 없는
가장 편안하고 행복한 삶을 얻기 위해서였다.

〈중아함경〉

옛날에 한 사미가 개미를 구해 줌으로써
착한 일을 닦은 까닭에
그 수명이 다하도록
괴로움 없이 몸이 편안했으니,
복덕의 힘이 강했기 때문이니라.

〈생사득도경〉

만약 한 분의 부처님께 예배할 때면
'모든 부처님의 마음과 지혜는
한계나 장애가 없으니,
제가 지금 한 분의 부처님께 예배하는 것도
곧 모든 부처님께 예배하는 것이다'
라고 이렇게 생각할지니라.

〈삼매해경〉

일심一心은
더러움과 깨끗함의 모든 존재를 통해서
의지하는 바가 되므로
곧 모든 존재의 근본이다.

〈금강삼매경론〉

얼굴이 예쁘고 날씬하다고 해서
결코 미인이 되는 것은 아니다.
미인은 오직 마음이 단정하여
남으로부터 흠모를 받아야
비로소 미인이라 할 수 있다.

〈옥야경〉

늘 사랑하는 마음으로 화내지 않고
항상 가여운 마음을 내서
평등한 마음으로 증오를 없애면
머지않아 삼매를 얻으리라.

〈반주삼매경〉

한 마음이 선하면
모든 선이 이에 따라 일어나고,
한 마음이 악하면
모든 악이 이에 따라 일어난다.
그러므로 마음은
모든 선악의 근본이 된다.

〈화엄경〉

석가모니 부처님의 수명은
영원하다고 생각하라.
육신은 비록 이 세상에서 거두지만,
법신은 항상 여기에 있으리라.

〈잡아함경〉

세상의 모든 대상은
망령된 마음이 만들어 놓은 것이다.
그러므로 그릇된 마음의 작용을 없애면
모든 망령된 대상은 사라지고
오직 하나의 진실만이 남게 된다.

〈석마하연론〉

고요함을 밖에서 찾지 말고
자신의 안에서 찾아라.

〈숫타니파타〉

삶은 마음이 만들어 내는 것이니,
순수하지 못한 마음으로
말과 행동을 하게 되면
고통이 그를 따른다.

〈법구경〉

시방의 모든 여래는
법계(온 우주)를 몸으로 한다.

〈관무량수경〉

만약 사람의 마음이 고요하여
물과 같이 맑고 깨끗하다면
거리낌 없음이 허공과 같아서
최상의 즐거움을 얻으리라.

〈묘법성념처경〉

법답게 돈이나 재물을 구하여
그것을 보시해 복을 구하는 것과
남에게도 베풀고 자기도 먹으며
또 그것으로 복덕을 짓는 것,
이 두 가지는 인색하지 않고 더럽지 않아서
모두 복을 받는다.

〈불설복음경〉

만약 삼독을 영원히 없애고
항상 육근이 깨끗하며,
몸과 마음이 편안하고 고요하여
안팎이 청정하다면
이것이 가람을 짓는 것이다.

〈관심론〉

밀린다 왕이 나가세나 존자에게
알면서 지은 악행과
모르고 지은 악행의 차이에 대해 여쭈자,
나가세나 존자가 대답하였다.
"대왕이여, 그대는 어떻게 생각합니까?
이글이글 불에 단 쇳덩이를,
한 사람은 모르고 잡았고
또 한 사람은 알고 붙잡았다면
어느 쪽이 더 심하게 데이겠습니까?"
"모르고 붙잡은 사람이 더 심하게 데입니다."
"마찬가지로 모르고 지은 악행의 죄보가 더 큽니다."

〈밀린다왕문경〉

부처님께 귀의하는 사람은
큰 이익을 얻을 것이니라.
그러므로 밤낮으로
마음속에서 부처님을 여의지 말라.

〈인연승호경〉

유리하다고 교만하지 말고
불리하다고 비굴하지 말라.
무엇을 들었다고 쉽게 행동하지 말고,
그것이 사실인지 깊이 생각하여
이치가 명확할 때 과감히 행동하라.

〈잡보장경〉

그대들의 마음이 비뚤고 굽어 있다면
부처가 중생 속에 있는 것이고,
한 순간 평등하고 곧으면
중생이 부처가 되는 것이다.
나의 마음에 본래 부처가 있으니
나의 부처가 참된 부처이다.

〈육조단경〉

지혜로운 자는 대중 가운데 있어도
자신의 공덕을 말로 드러내지 않고,
남의 칭찬을 받더라도
마음에 부끄러이 여겨 집착하지 않는다.

〈대승이취육바라밀다경〉

탐욕스러운 사람은 많은 재물을 쌓아놓고도
만족할 줄 모른다.
어리석고 탐욕에 눈이 어두워
언제나 남의 것을 빼앗으려고만 한다.
그는 살아서 온갖 괴로움을 만나고,
죽어서도 지옥에 떨어지게 된다.
따라서 지혜가 있는 사람이라면
만족할 줄 알아야 한다.

〈니건자경〉

제7장

용서는 자기 자신에게 베푸는 가장 큰 사랑

수행자는 특별한 가치가 있거나 없거나
모든 생명에게 자비를 보여야 한다.
우호적인 사람에게도 친절해야 하고,
우호적이지 않은 사람에게도 친절해야 하며,
무관심한 사람에게도 친절해야 한다.

〈자타카〉

훔치지 않고 탐내거나 성내지 않고
분수를 지켜 편안한 마음으로 머물며
맛있는 음식을 성현들에게 보시하면,
그는 인간 세상에 태어나서
수명과 단정한 모습을 두루 갖추고
병이 없고 길상吉祥하리라.

〈육도가타경〉

몸에 의지하지 않으며
목숨에도 의지하지 않고
재물의 이익에도 의지하지 않으면
부처님의 도道를 능히 얻으리라.

〈화수경〉

사람은 누구나 본래
깨달으려는 의지를 가지고 있다.
그러므로 이 사실을 자각할 필요가 있다.
이렇게 자각한 사람은 영원히 흔들리지 않는다.

〈대승기신론〉

오만함은 여러 고통의 근본이 된다고
여러 부처님들께서 말씀하셨나니,
오만이 있으면 고통은 늘어날 것이고
오만함을 여의면 고통은 소멸할 것이다.

〈월등삼매경〉

중생들의 모든 탐욕과 다툼은
모두 감각기관으로부터 일어나나니,
만약 모든 감각기관*을 능히 다스리면
빨리 해탈을 얻으리라.

〈허공장보살경〉

* 육근六根: 눈 귀 코 혀 몸 생각

사람은 항상 눈 때문에 속고
귀 때문에 속고, 코 때문에 속고
혀 때문에 속고, 몸 때문에 속는다.
그러므로 눈 귀 코 혀 몸의 욕망에
뛰어들지 않도록 하라.

〈잡아함경〉

도가 없으면 악도에 떨어져서
벗어나기를 구하기가 매우 어렵다.
사람의 몸을 얻기 어렵고
부처님의 법을 듣기 어렵다.

〈아난분별경〉

아이들이 장난으로라도
모래 쌓아서 부처님의 탑을 만든다면
이와 같은 여러 사람들도
전부 이미 불도를 성취한 셈이 된다.

〈법화경〉

무릇 배움에는 두 가지가 있나니
늘 많이 들은 사람을 친근히 하고,
진리에 머물고 이치를 알아
아무리 곤궁해도 삿되지 않는 것이다.

〈법구경〉

언제나 잘 관찰해서
자아가 있다고
고집하는 견해를 버려야 한다.
세계를 비었다고 관찰하라.
이렇게 하면 죽음을 뛰어넘을 수 있을 것이다.

〈숫타니파타〉

염불을 수행하는 사람은 (……)
믿음이 깊어지고 마음챙김이 깊어지며
지혜가 깊어지고 공덕이 깊어진다.
희열과 기쁨이 커지고
두려움과 공포를 극복하며
고통을 감내할 수 있다.
하늘천신과 인간의 스승이신
부처님과 함께 사는 것 같은 인식을 얻는다.
염불을 항상 몸속에 지닐 때
그의 몸도 불탑처럼 예배를 받을 만하다.
그의 마음은 부처님의 경지로 향한다. 〈청정도론〉

사람에게 믿지 못할 네 가지 일이 있다.
첫째, 아무리 젊어도 반드시 늙는 것이요
둘째, 아무리 건강해도 마침내 죽는 것이며
셋째, 육친이 함께 즐겁게 지내도
언젠간 헤어지는 것이고
넷째, 아무리 재산을 많이 쌓았더라도
결국엔 흩어지는 것이다.

〈법구비유경〉

만약 부처님을 염한다면
부처님은 항상 있다.

〈사유략요법〉

마하반야바라밀경이란
시방 모든 부처님들의 큰 부모이다.
그러므로 마하반야바라밀경을 얻어야
부처가 될 수 있는 것이다.
보살이 도를 구할 때
반드시 공덕을 원만히 쌓아야만
마하반야바라밀경을 들을 수 있는 것이다.

〈불설불인삼매경〉

뛰어나게 좋은 과보를 얻지 못하는 보시에
세 가지 종류가 있다.
첫째, 먼저 마음을 많이 내었다가
나중에 조금 주는 것이고
둘째, 나쁜 물건을 골라 지니고 있다가
보시하는 것이며
셋째, 이미 보시를 하고는 나중에
후회하는 것이다.

〈우바새계경〉

부처님은 세간에 출현하시든
출현하지 않으시든
자비로운 구름으로 법의 비를 내리신다.
법을 믿는 사람은 들을 수 있고
법을 비방하는 사람은 듣지 못한다.

〈구경일승보성론〉

세 종류의 좋은 벗이 있다.
첫째, 이롭지 않은 것은 없애주는 벗이요
둘째, 이로운 일은 만들어주는 벗이며
셋째, 어려울 때는 버리지 않는 벗이다.

〈불소행찬〉

모든 법은 인연으로 생겨나고
인연으로 소멸한다.
이는 일체의 인연과
인연이 생기는 법의 성품이
원래 비었기 때문이니,
그러므로 법신法身이라 한다.
어떤 중생이 인연의 뜻을 깨달으면
곧 부처님을 친견한 것이다.

〈조탑공덕경〉

삿된 음행을 하면 열 가지 죄가 있다.

첫째, 항상 음탕한 남편이 죽이려는 재앙을 만나고

둘째, 부부가 화목하지 않아 매일 싸우고

셋째, 온갖 나쁜 일들이 나날이 늘어나고

넷째, 좋은 일은 날마다 줄어들며 재산도 줄어든다

다섯째, 자신을 지키지 못하니 처자가 외롭게 되고

여섯째, 온갖 나쁜 일을 당하게 되며 항상 남의 의심을 받고

일곱째, 친척이나 친지들도 좋아하지 않으며

여덟째, 원수를 맺는 업의 인연이 되고

아홉째, 죽은 뒤에는 지옥에 떨어지며

열째, 지옥에서 나와 여자가 되면 많은 남자들을 남편으로 섬기게 된다. 또 만일 남자가 되면 아내가 정결하지 못하다.

〈대지도론〉

좋은 길로 올바르게 인도하는 데는
진실한 말로 인도함이 최고이며,
이 세상의 모든 등불 가운데
진실의 등불이 최고이고,
세상의 모든 병을 치료하는 약 중에도
진실한 말의 약이 으뜸이다.
자신과 남을 위하여 또 돈과 향락을 위하여
거짓말하지 않으면
그것이 곧 깨달음에 이르는 길이다.

〈정법염처경〉

생멸하는 다섯 가지 구성요소〔오온五蘊〕는
물질〔色〕 느낌〔受〕 생각〔想〕 심리현상 의지〔行〕
의식〔識〕이다.
물질〔色〕은 작은 물방울처럼 생겼다가 사라지
는 것이어서 오래 머무르지 못하고,
느낌〔受〕은 물거품과 같이 곧 일어났다 없어지
는 것이어서 오래 머무르지 못한다.
생각〔想〕은 아지랑이처럼 생겨났다 사라지는
것이어서 오래 머무르지 못하며,
심리현상 의지〔行〕도 파초와 같이 곧 생겼다가
없어지는 것이어서 오래 머무르지 못하고,
의식〔識〕 역시 허깨비처럼 곧 일어났다 사라지
는 것이어서 오래 머무르지 못한다.
이렇게 아는 것을 생멸하는 다섯 가지 구성요
소〔오온五蘊〕를 아는 것이라 말한다. 〈대보적경〉

병든 사람을 돌보아주는 것은
나 붓다를 돌보는 것이고,
병자를 간호하는 것은
곧 나 여래를 간호하는 것이다.

〈증일아함경〉

삼보에 항상 신심을 일으켜서
대승의 오묘한 경전의
모든 선한 공덕을 닦아
물러서는 마음을 품지 않는다면,
이런 사람은 아주 빨리
깨달음을 성취하게 될 것이다.

〈소실지갈라경〉

삿된 애착과 성냄 등을 끊으면
나머지 번뇌가 미미하고 엷어진다.
마치 쇠를 단련하여 그곳에서
조화로움을 얻는 것과 같다.

〈십주경〉

덕은 사람을 오랫동안 대함으로써 알 수 있고
성실은 사귀어봄으로써 알 수 있으며,
불굴의 용기는 고난을 당해봄으로써 알 수 있고
지혜는 깊은 대화를 나누어봄으로써 알 수 있다.

〈우다나경〉

세상 사람은 죽고 사는 것을 알지 못한다.
그것은 마치 육안으로는
죄와 복을 알지 못하는 것과 같다.

〈죄복보응경〉

천 겁의 긴 시일 속에서도
부처님 만나기란 아주 어렵다.
최고의 깨달음을 얻고자 하는 사람은
부처님의 말씀과 부처님의 명호를 듣고
부처님께 귀의해야 한다.

〈대방광불관경〉

바람의 모습은 볼 수 없다.
하지만 나뭇잎의 움직임으로
그 방향을 알 수 있다.
마찬가지로 사람도
그 마음의 모습은 볼 수 없지만,
그 사람의 마음이
육근(눈 귀 코 혀 몸 생각)을 통해 나타난다.

〈현계론〉

용서는 단지 자기에게 상처를 준
사람을 받아들이는 것만은 아니다.
그것은 그를 향한 미움과 원망의 마음에서
스스로를 놓아주는 일이다.
그러므로 용서는 자기 자신에게 베푸는
가장 큰 베풂이자 사랑이다.

– 달라이 라마

내가 중생을 성취시키지 않으면
누가 성취시키고,
내가 중생을 조복하지 않으면
누가 조복하며,
내가 중생을 고요하게 하지 않으면
누가 고요하게 하고,
내가 중생을 기쁘게 하지 않으면
누가 기쁘게 하며,
내가 중생을 청정하게 하지 않으면
누가 청정하게 할 것인가! 〈호엄경〉

사람은 의식을 부리지 못하지만
의식은 사람을 부린다. (……)
사람이 도를 닦지 않으면
욕망을 따라 탐내는 마음을 내나니,
그것이 바로 의식이 사람을 부리는 것이다.

〈안반수의경〉

자비를 베풀 때는 평등한 마음으로
미워함과 사랑함,
친함과 친하지 않음을
따지지 않아야 한다.

〈수행도지경〉

사람은 애욕으로부터 근심이 생기고
근심으로부터 두려움이 생긴다.
만일 애욕을 멀리하면
무엇을 근심하고 무엇을 두려워할 것인가!

〈사십이장경〉

아무리 사랑하고 좋아할지라도
이별하고 헤어지는 때가 있다.
이 세상 모든 것은 영원한 것이 없다.
또한 어떤 물건이든 만들어졌다면
잠시 사용되어지다 언젠가는 없어지게 마련이다.
머지않아 나는 열반에 들 것이다.
이제 와서 생명을 영원토록 하고자 하는 것은
모든 만물의 순리를 거스르는 일이다.

〈열반경〉

선업이 있으면
그 자체에 갖추어진 힘 때문에
좋은 업보를 받게 된다.
나라의 왕이 편들어 주는 힘이라 할지라도
업력에는 못 미친다.

〈대승장엄경론〉

보살은 지혜의 힘으로써 몸과 마음을 관찰하고,
닦는 힘으로써
모든 법에 집착하지 아니하여 참음을 성취한다.
모든 법 가운데 중생이 없음을 관찰하여
참음을 닦으며,
모든 법은 그 성품이 해탈한 것이므로
참음도 성냄도 없다고 관찰한다.

〈대방등대집경〉

인욕은 좋은 약과 같아서
중생들의 생명을 구할 수 있다.

〈나운인욕경〉

- **혜조 스님** 봉녕사 강원을 나와 동국대 대학원 박사과정을 수료하였다. 저서로 『우리말 법화삼부경』(역서), 『우리말 법화경』(역서), 『사랑할 시간이 그리 많지 않네』, 『자비는 인연을 가리지 않네』, 『너를 위하여 밝혀둔 작은 램프 하나』(시집), 『엉겅퀴 붉은 향』(시집), 「연기법에 의한 공사상과 중도론 연구」(논문) 등이 있다.

- **신창호** 경남 진주 출생. '소리경전공덕회'(카페)에서 활동하는 재가불자이다. 경전 말씀에 그림을 그리면서 동영상 유투버로 불법을 홍포하고 있다.

- **해탈자** 경남 함양 출생. 초중고에서 10년간 전통예절 강사로 활동한 재가불자이다. 다도포교사로 활약하며 원예농사를 짓는 틈틈이 서예와 그림 작업으로 불법을 전하고 있다.

그림 경전 말씀 ❸
이 세상 모든 것은 영원하지 않네

초판 1쇄 발행 2022년 4월 8일 | **초판 3쇄 발한** 2024년 1월 30일
엮은이 혜조 | **그린이** 신창호·해탈자 | **펴낸이** 김시열
펴낸곳 도서출판 운주사

(02832) 서울시 성북구 동소문로 67-1 성심빌딩 3층
전화 (02) 926-8361 | 팩스 0505-115-8361
ISBN 978-89-5746-666-7 03220   값 15,000원
http://cafe.daum.net/unjubooks 〈다음카페: 도서출판 운주사〉